Criaturas rastreras

LOS ESCORPIONES

LYN SIROTA

BLACK RABBIT BOOKS

Bolt es una publicación de Black Rabbit Books
P.O. Box 3263, Mankato, Minnesota, 56002.
www.blackrabbitbooks.com

Marysa Storm, editora; Grant Gould, diseñador;
Omay Ayres, investigación fotográfica
Traducción de Travod, www.travod.com

Información del catálogo de publicaciones de la biblioteca del congreso
ISBN 978-1-62310-201-2

Impreso en los Estados Unidos de América

Créditos de las imágenes

Alamy: All Canada Photos, 27 (grande); BIOSPHOTO, 28; ephotocorp, 22; Nature Picture Library, 29; arachnoboards.com: M. Hule, 21; commons.wikimedia.org: Shantanu Kuveskar, 12; iStock: dagut, 17; GlobalP, 32; mysteriousuniverse.org: Brett Tingly, 27 (recuadro); Science Source: Daniel Heuclin, 11; Francesco Tomasinelli, 18–19; scorpion.amnh.org: AMNH, 10; Shutterstock: Angel Simon, 24 (lagartija); davemhuntphotography, 22–23 (fondo); D. Kucharski K. Kucharska, 23; Eric Isselee, 24 (hubo), 31; Evgeniy Ayupov, 24 (insectos); evgo1977, 14–15 (fondo); Melinda Fawver, 24 (escorpión pequeño); Milan Zygmunt, 6–7; Mr.Aphirak Arkasamnuai, 4–5; olegganko, 14–15 (siluetas), 26; onajourney, 4–5; Pakhnyushchy, 24 (ratón); panda3800, 24 (escorpión); Papik, 24 (araña); PhumjaiFcNightsky, 1; SIMON SHIM, 3; wacpan, 8–9; YoThin Pimpanat, 22–23 (superior); Yuttana Joe, Cover

Se ha hecho todo esfuerzo posible para establecer contacto con los titulares de los derechos de autor del material reproducido en este libro. Cualquier omisión será rectificada en impresiones posteriores previo aviso a la editorial.

CONTENIDO

CAPÍTULO 1

Conoce al ESCORPIÓN

Un escorpión se refresca en la sombra. De repente, algo en las cercanías se mueve. Los pelos del escorpión detectan las **vibraciones**. La criatura se mueve de nuevo. Los muchos ojos del escorpión espían el movimiento. Es un gusano ondulado. El escorpión ataca. Agarra el gusano con sus tenazas. Una picadura rápida y el gusano queda **paralizado**. ¡Hora de cenar!

COMPARACIÓN DE LONGITUDES

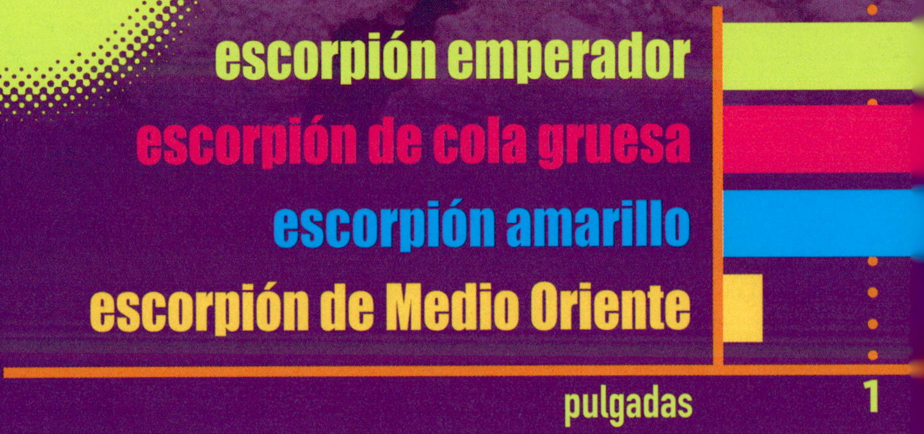

Una criatura rastrera

Hay miles de tipos de escorpiones. Estos **arácnidos** son poderosos **depredadores**. Tienen ocho patas. Sus cuerpos pueden ser de color amarillo, marrón o negro. Los escorpiones se confunden con su entorno. Sus duros **exoesqueletos** los mantienen a salvo de los atacantes.

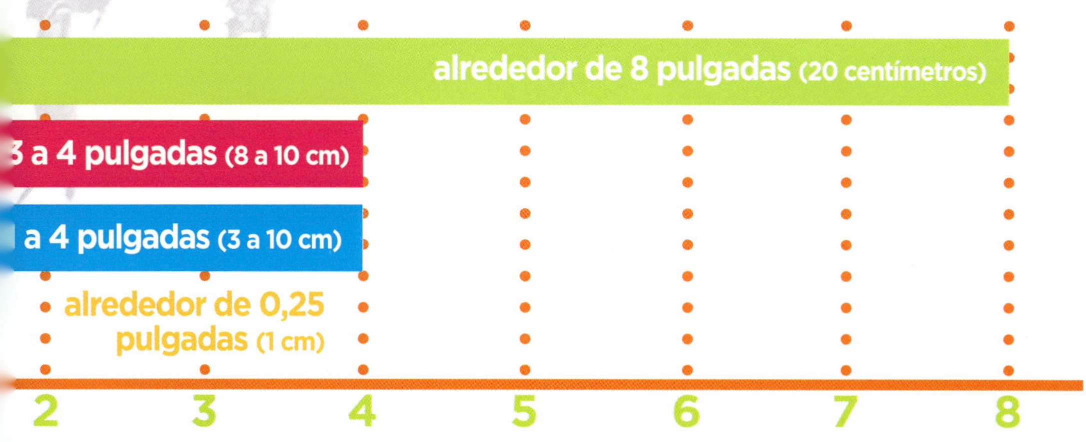

CARACTERÍSTICAS DEL ESCORPIÓN

ABDOMEN
PATAS

Veneno de escorpión

Cada tipo de escorpión produce su propio **veneno**. Algunos tipos de veneno de escorpión son suficientemente fuertes para matar a su **presa**. Otros tipos de veneno solo paralizan. La mayoría no son mortales para las personas.

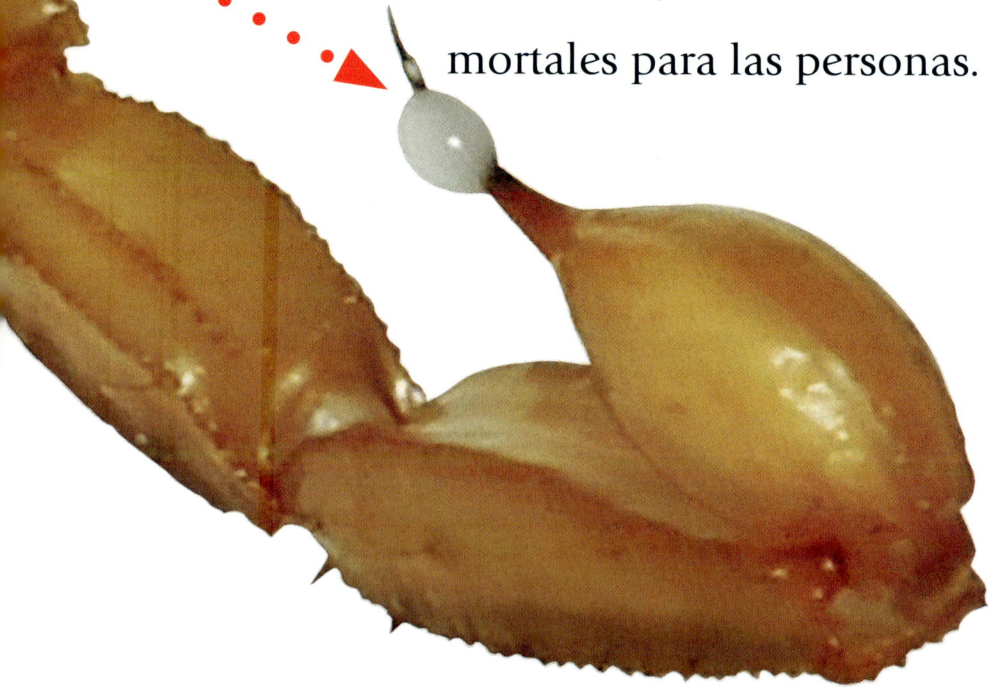

Los científicos han encontrado escorpiones congelados.
¡Pero no estaban muertos! Después de descongelarse, se fueron.

CAPÍTULO 2

DÓNDE VIVEN Y QUÉ COMEN

Los escorpiones se encuentran en todo el mundo. Viven en desiertos, bosques y montañas. Muchos hacen sus casas bajo las rocas. ¿Temperaturas extremas? ¡No hay problema! En los desiertos calientes, se esconden debajo de la arena. Permanecer bajo tierra les ayuda a mantenerse frescos.

MAPA DE DISTRIBUCIÓN DE LOS ESCORPIONES

Los escorpiones viven en todos los continentes excepto en la Antártida.

Cazadores nocturnos

Los escorpiones son más activos durante la noche. En la oscuridad, atacan a insectos y arañas. Muchos escorpiones esperan hasta que la presa se acerca. Y entonces atacan.

Los escorpiones se toman su tiempo para comer. Deben descomponer la comida. Usando fluidos **digestivos**, los escorpiones derriten a sus presas. Entonces beben su comida como si fueran batidos.

Los escorpiones pueden pasar un año entero sin comer.

CAPÍTULO 3

VIDA FAMILIAR

La mayoría de los escorpiones viven solos. Solo se reúnen para **aparearse**. Los escorpiones machos buscan hembras usando el olor.

Entre 2 y 18 meses después del apareamiento, las hembras tienen crías. Los recién nacidos parecen miniadultos. Se suben a las espaldas de sus madres. Allí estarán a salvo de los depredadores.

Su crecimiento

Las crías se quedan con sus madres hasta su primera **muda**. Luego se van por su cuenta. Los escorpiones jóvenes mudan unas cinco veces. Crecen con cada muda.

Los escorpiones están en peligro después de la muda. Sus cuerpos son blandos. Sus nuevos exoesqueletos tardan en endurecerse.

CICLO DE VIDA del escorpión

Los escorpiones hembras tienen crías.

Los escorpiones se desarrollan por completo después de un período que va de unos meses a siete años.

Las crías se suben a las espaldas de las madres. Se quedan allí entre una y siete semanas.

Las crías de escorpión mudan y crecen.

Cadena alimentaria del escorpión

Esta cadena alimentaria muestra qué seres comen escorpiones. También muestra lo que comen los escorpiones.

CAPÍTULO 4

Sus funciones en el mundo

Los escorpiones juegan un papel importante en la cadena alimentaria. Muchos animales los encuentran sabrosos. Los búhos y los lagartos comen escorpiones. Los mamíferos también se alimentan de ellos.

Superescorpiones

Tal vez se piense que los escorpiones dan miedo. Pero los escorpiones son importantes. Ellos comen muchos insectos. Y muchos animales se los comen. Los escorpiones pueden ser espeluznantes. Pero también son increíbles.

Los científicos han encontrado muchos usos para el veneno de escorpión. Algunos lo usan para hacer que los tumores resplandezcan. Si un tumor brilla, es más fácil que los médicos lo vean.

CUESTIÓN DE NÚMEROS

2 a 8 años
esperanza de vida

CANTIDAD DE ESPECIES DE ESCORPIÓN

cerca de 2.000

1 a más de 100

CANTIDAD DE CRÍAS QUE UN ESCORPIÓN HEMBRA PUEDE TENER POR VEZ

25

CANTIDAD DE ESPECIES CONOCIDAS QUE SON MORTALES PARA LOS HUMANOS

GLOSARIO

arácnido: una clase de animales que incluye arañas, escorpiones, ácaros y garrapatas

digestivo: que tiene el poder de causar o ayudar a la digestión

exoesqueleto: cubierta dura y protectora en el exterior del cuerpo de un insecto o arácnido

aparearse: unirse para producir cría

mudar: perder una cubierta de pelo, plumas o piel y reemplazarla por una nueva

paralizar: hacer que alguien o algo no pueda moverse o no pueda sentir todo o parte de su cuerpo

depredador: animal que se come a otros animales

presa: animal al que lo cazan o matan para comerlo

descongelarse: dejar de estar congelado

tumor: bulto anormal en el tejido

veneno: sustancia tóxica fabricada por animales utilizada para matar o herir

vibración: un movimiento rápido de un lado a otro

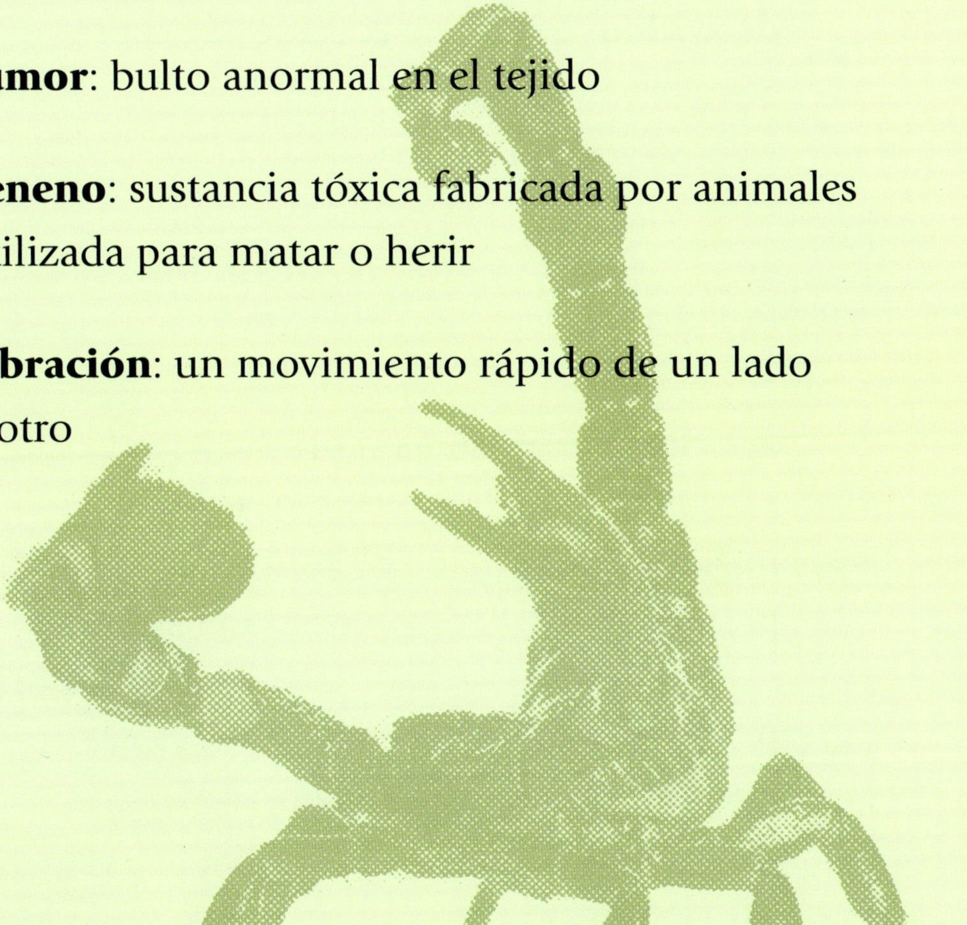

ÍNDICE